AF484878

चिंगारी

काव्य-संग्रह

शुभम यादव

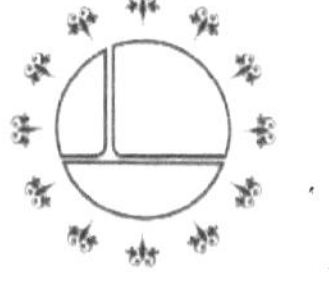

अंजुमन प्रकाशन

Title : Chingari
Author : Shubham Yadav

Published By-
Anjuman Prakashan
942, Mutthiganj, Prayagraj, 211003
www.anjumanpublication.com
anjumanprakashan@gmail.com

Price in india: 200/-

समर्पण

यह पुस्तक मेरे माता, पिता, प्रियजन एवं उन असंख्य मुसाफ़िरों को समर्पित है, जिनसे मैं अपने जीवन यात्रा के दौरान जुड़, कुछ भी सीख अपने ज्ञान एवं अनुभव भंडार में वृद्धि कर राका।

चिंगारी की नींव

मैंने 17 साल की उम्र में कविता लिखना शुरू किया। तब मैंने न कोई काव्यशास्त्र पढ़ा था और न ही कहीं से कविता लिखने का कोई प्रशिक्षण लिया था। मैं बस अचानक ही कविता लिखने लगा। ये 17 की उम्र में ही संभव हुआ क्योंकि उस वक़्त मेरे जीवन में ऐसी घटनाएँ घटीं जिसने मेरी रचनात्मक कला को जाग्रत कर दिया। वो मेरे जीवन का एक ऐसा दौर था जब मैं सब के बीच होकर भी बिल्कुल अकेला पड़ गया था। लोग थे पर सब समझाने वाले, मुझे समझने वाला कोई नहीं। मैं दुखी रहता था क्योंकि अपनी भावनाएँ किसी से व्यक्त नहीं कर पाता था। कोई उपयुक्त साथी न मिलने की अवस्था में मैंने क़लम और पन्ने को ही अपना साथी चुना और वहीं से मेरे कविता लिखने का सफ़र शुरू हो गया। चूँकि मैं बचपन से भावुक, कल्पनाशील और कलात्मक था इसलिए मेरा कविता लिख पाना संभव हो सका। शुरूआत में मैंने अपनी ज़्यादातर कविताएँ अपने जीवन को केंद्र में रखकर लिखीं। पर फिर बीतते वक़्त के साथ मेरी क़लम अमूमन हर विषय पर चली। साल दर साल मेरी हर कविता निखरती गयी क्योंकि मैंने ख़ुद में सीखने का चाह बनाए रखा। मैंने अपनी असफलताओं से सीखा; प्रकृति से सीखा; हर बच्चे, बूढ़े, जवान की ज़िन्दगी से सीखा; मैं निरंतर सीखता रहा और लिखता रहा। तभी तो इतने सालों से मैं अपने कविता लेखन के सफ़र को जारी रख सका।

मैंने हमेशा से चाहा कि अपने लेखन को पुस्तक के रूप में सब के समक्ष लाऊँ। मुझे सही वक़्त का इंतज़ार था पर मुझे ये नहीं समझ आता था कि वो वक़्त कब आएगा। मेरी माँ ने अचानक ही पिछले साल दिसंबर के महीने में एक दिन मुझसे सवाल किया, "शुभम, तुम अपनी कविताएँ कब छपवाओगे?" ऐसा सवाल मेरी माँ पहले भी मुझसे कई दफ़ा कर चुकी थीं, और हर बार के जैसे ही मैंने जवाब दिया, "करवाऊँगा, अभी थोड़ा और संग्रह कर लूँ।" इस पर मेरी माँ ने कहा, "बहुत कर लिये संग्रह, अब छपवा लो, वरना समय निकल जायेगा।" उस वक़्त मुझे एहसास हुआ कि ज़िन्दगी ने मेरी माँ के ज़रिये मुझे इशारा किया कि वो वक़्त अब आ गया है और फिर मैं अपने काव्य-संग्रह को

बनाने में जुट गया।

मैं सोचता हूँ हर इंसान तिनके का ढेर है, जिसमें इतनी क्षमता है कि अगर वो जल उठे तो अंधियारा क्या चीज़ है, वो अपने ज्ञान की लपटों से पूरे जंगल को दहका सकता है। ये तभी संभव है जब हर इंसान के भीतर एक जुनून की आग जले। पर आग स्वयं नहीं जलती, उसे जलाने के लिए एक चिंगारी की आवश्यकता होती है। इस जुनून की आग को हर इंसान में जलाने के लिए मैंने इस 'चिंगारी' का निर्माण किया। मेरी ये 'चिंगारी' मेरे सालों के ज्ञान, अनुभव व दर्शन की तपिश से बने काव्य-संग्रह की पुस्तक है जिसका उद्देश्य हर इंसान के भौतिक एवं आध्यात्मिक विकास में सहयोग करना है।

मेरे इस काव्य-संग्रह में प्रेरणा निहित है जो हर कविता में एक संदेश और दर्शन के रूप में प्रकट हुई है। जो कुछ भी मैंने सोचा बस उन्हीं विचारों को कल्पना के सहारे शब्दों में बाँध, भावना में पिरो पन्नों पर उकेर दिया। मैंने अपनी हर कविता में बहुत ही सरल एवं सहज भाषा का प्रयोग किया है, जिससे कि हर इंसान को उस प्रेरणा तक पहुँचने में आसानी हो। मैंने जो कुछ भी सीखा उसे कविता का रूप देकर सब के जानने व सीखने के योग्य बना दिया, ताकि हर इंसान उसे पढ़कर अपने जीवन को और बेहतर बना सके। मेरा ये काव्य-संग्रह हर उम्र के लोगों के लिए उपयोगी है जो उन्हें आनंदित, उत्साहित एवं शिक्षित करने में पूरी तरह से समर्थ है। हालाँकि इसका युवा पीढ़ी बेहतर लाभ उठा सकती है, क्योंकि हर युवा के जीवन में ऐसे कई पड़ाव आते हैं, जब वो अपने लक्ष्य को पाने में असफल होने पर टूट जाते हैं, एक छोटी-सी हार को वो अपने जीवन की हार मान, जीवन छोड़ किसी मृत प्राणी जैसा व्यवहार करने लगते हैं, कुछ तो अज्ञानतावश ग़लत क़दम उठा अपने जीवन को ही समाप्त करने की कोशिश ही कर बैठते हैं। उस वक़्त मेरा ये काव्य-संग्रह उनके मनोबल को बढ़ायेगा और उन्हें ग़लत मार्ग चुनने से भी रोकेगा। साथ ही ये उस दौर से गुज़रने वाले हर शख़्स को अपने शब्दों से प्रोत्साहित कर उसमें जुनून की आग भड़का अपने लक्ष्य को पाने के लिए प्रेरित करेगा। इसका उद्देश्य ही यही है कि हर इंसान अपने लक्ष्य को पाने के लिए तड़प उठे ताकि समाज को बने उस नये चरित्र से एक बेहतर दिशा मिल सके।

आशा करता हूँ जिस उत्साह और ऊर्जा से मैंने इस काव्य-संग्रह का

सृजन किया, उसी उत्साह और ऊर्जा को हर पाठक इसे पढ़ने के दौरान महसूस करे और साथ ही जिस उद्देश्य पूर्ति के लिए इसने यह स्वरूप पाया है वो भी बीतते वक़्त के साथ पूरा हो सके। मैंने बड़ी शिद्दत से इसे बनाया है और मुझे पूरा विश्वास है कि पाठक इसे पसंद करेंगे। अब ये पाठक ही तय करें कि ये कृति प्रशंसा के योग्य है या आलोचना के और साथ ही पाठक को ही ये तय करना है कि वे इसे एक बार पढ़ते हैं या कई बार या फिर हर मुश्किल वक़्त में बारंबार।

-शुभम यादव
14-01-2022

मैं कृतज्ञ किन-किन का

इस दुनिया में अगर कोई इंसान ये कहता मिले कि उसने जो कुछ भी जीवन में हासिल किया वो सिर्फ़ उसने ख़ुद के बदौलत हासिल किया, तो ये समझना चाहिए कि वो इस दुनिया का सबसे बड़ा झूठा इंसान है। हर इंसान के कुछ बनने के पीछे कई इंसानों का सहयोग होता है। मेरे भी इस मुक़ाम तक पहुँचने के सफ़र में अनेक लोगों ने मेरा सहयोग किया। ये सहयोग भले ही मुझे प्रेरित करने, मेरा उत्साह बढ़ाने, मेरा मार्ग दर्शन करने, मेरी प्रशंसा करने व मुझ पर विश्वास करने के रूप में ही क्यों न रहा हो, मैं इतना कृतघ्न नहीं कि सारा श्रेय ख़ुद ले आगे बढ़ जाऊँ।

सर्वप्रथम मैं अपने परिवार के लोगों के प्रति कृतज्ञ हूँ, जिन्होंने हर संभव प्रयास किया कि मेरा लेखन उत्कृष्ट हो साहित्य में एक नाम बनाये। वे सभी जब भी मेरी कविता से रू-ब-रू होते तो बिना प्रशंसा किए नहीं रहते। सब की प्रशंसा ने मुझे अपनी हर कविता के साथ बेहतर होने का अवसर दिया। परिवार के लोगों में मैं अपने माता-पिता को धन्यवाद करता हूँ, जिन्होंने मुझे पढ़ा-लिखाकर इस क़ाबिल बनाया कि मैं अपने लेखन के ज़रिये अपने विचार को दुनिया तक पहुँचा सकूँ। इसमें अगला नाम मेरे दादा श्री राम नाथ यादव जी का आता है, जिन्होंने ही सर्वप्रथम परिवार के व्यावसायिक कार्य को त्याग कर घर में शिक्षा की नींव रखी, मैं उन्हें धन्यवाद करता हूँ, जिनके पुरुषार्थ के बिना मेरा क्या, किसी का भी अपने मुक़ाम पर पहुँचना संभव नहीं होता। मैं अपने बड़े भाई रवि कुमार यादव के प्रति कृतज्ञ हूँ, जिन्होंने ही सर्वप्रथम मेरी कविताओं को पढ़ा, जो कि छोटे रूप में हुआ करती थीं, उसे पढ़कर उन्होंने मेरा मार्ग दर्शन भी किया कि मैं बड़ी कविताएँ लिखा करूँ, और आज उसी का परिणाम है कि इस काव्य-संग्रह में बड़ी कविताओं को जगह मिली और उन्हीं से मुझे पहचान। मेरी छोटी बुआ सरोज यादव को भी मेरा धन्यवाद है, जिन्होंने मेरी शुरुआत की कई कविताएँ पढ़कर, मेरी प्रशंसा करते हुए कहा कि मैं प्रोफ़ेशनल कवि बन सकता हूँ, उनके इस विश्वास से मेरे विश्वास को काफ़ी बल मिला। मैं अपने छोटे भाई आहान और कार्तिक को भी धन्यवाद करता हूँ, जो हमेशा से ही मेरे कवि होने के

वजूद से काफ़ी प्रभावित रहे हैं। कार्तिक ने तो मेरी कविताएँ पढ़कर यहाँ तक कह दिया था कि मैं अपने लेखन के ज़रिये समाज को बहुत आगे ले जाऊँगा।

परिवार के बाद मैं अपने यूनिवर्सिटी के गुरुओं के प्रति कृतज्ञ हूँ, जिन्होंने मुझ पर विश्वास कर अपने शब्दों से सदैव मुझे प्रोत्साहित किया और आशीर्वाद दिया कि मैं तरक़्क़ी करता चलूँ। ये उनके शब्दों का ही जोर रहा जो मैं इतनी दूर, दिल में उत्साह थामें साहित्य की दुनिया में क़दम रख सका। इसमें पहला नाम काशी हिन्दू विश्वविद्यालय के इतिहास विभाग के प्रोफ़ेसर केशव मिश्रा सर का आता है, जो मुझे बहुत मानते हैं, उन्होंने हमेशा ही अपनी बातों से मेरा हौसला बढ़ाया और चाहा कि मैं बहुत आगे जाऊँ। एक बार की बात है जब मैं एम.ए. में पढ़ा करता था, तब मेरा जीवन किन्हीं मुश्किलों से गुज़र रहा था, तब केशव सर ने मुझे ख़ुद संग ले जाकर एक बात कही, "मस्त रहिए और बस लगे रहिए, बहुत समय है अभी, सब हो जायेगा।" उनकी भारी आवाज़ में कही ये बात, आज भी मेरे कानों में किसी मंत्र-सी गूँजा करती है। आज जब मैं पास आउट हो चुका हूँ और सर मेरे सामने नहीं हैं, तो उनकी वो कही बातें ही मेरी प्रेरणा का स्रोत बनी हुई हैं। मैं उनके मेरे प्रति कहे एक-एक शब्द के लिए उन्हें दिल से धन्यवाद करता हूँ। मैं इतिहास विभाग की प्रोफ़ेसर रंजना शील मैम और प्रोफ़ेसर मालविका रंजन मैम के प्रति भी कृतज्ञ हूँ, शील मैम और मालविका मैम ने मेरे साहित्य से जुड़ाव को हमेशा ही सराहा, एक बार एम.ए. में शिक्षक दिवस पर मेरी लिखी कविता शील मैम को इतनी पसंद आयी कि उन्होंने मुझे फ़ोन पर मैसेज करके मुझे जीवन में ढेर सारी ख़ुशियाँ और तरक़्क़ी पाने का आशीर्वाद दिया; वहीं मालविका रंजन मैम ने मुझे विभाग में मिलकर कहा, "मुझे विश्वास है कि तुम जीवन में ज़रूर सफल हो एक कामयाब इंसान बनोगे।" मैं साथ ही सामाजिक विज्ञान संकाय के पूर्व डीन प्रोफ़ेसर मंजीत चतुर्वेदी सर को भी धन्यवाद करता हूँ, जिनकी एक पहल ने मुझमें जीवन को लेकर एक सकारात्मक सोच रखने के लिए प्रोत्साहित किया, उन्होंने एक पुस्तक प्रदर्शनी में मेरे साहित्य के प्रेम को देखते हुए उसी प्रदर्शनी में से एक उपन्यास ख़रीद मुझे भेंट किया, जिसके पहले पन्ने पर उन्होंने ये संदेश लिखा कि मेरी जीवन यात्रा सार्थक सिद्ध हो।

मैं अपने यूनिवर्सिटी के मित्रों के प्रति भी कृतज्ञ हूँ, जो हमेशा मेरे साथ

हर परिस्थिति में खड़े मिले ताकि मैं जीवन को अपनी दिशा में निरंतर बढ़ाता चलूँ। मैं अखिलेश कुमार व सौरव सिंह को धन्यवाद करता हूँ, जिन्होंने हमेशा मेरे लेखन को सराहा और कहा कि मैं अपनी रचनाएँ प्रकाशित कर उन्हें सबको पढ़ने का मौक़ा दूँ। मैं आशुतोष पाण्डेय और हर्ष विक्रम को दिल से धन्यवाद करता हूँ, जिन्होंने एक समय मेरे मुश्किल वक़्त में मेरा हौसला बढ़ाया था; जहाँ हर्ष ने पत्र लिख मुझे कहा कि मुझमें अपार साहस है, मैं उसे थाम जीवन में आगे बढ़ता रहूँ; तो वहीं आशुतोष ने मुझसे कहा कि मैं अपनी ग़लती से सीख कोशिश करता चलूँ, और जो भी कार्य मेरे दिल के क़रीब है उसे करता रहूँ, उसी मुश्किल वक़्त से कोई अनूठा खोज निकलेगा; उन्हीं के शब्दों के ज़रिये मैं जीवन का इशारा समझ अपने लेखन कार्य में बना रहा और आज अपनी लगन से मैं यहाँ तक पहुँच पाया। सन्नी कुमार मेरा एक ऐसा मित्र है जो न केवल मुझे अच्छे से जानता ही है, बल्कि मुझे समझता भी है, उसे हमेशा से ये विश्वास रहा कि मैं अन्य लोगों से अलग हूँ और मैं अपना अलग ही पहचान बनाऊँगा, उसके इस विश्वास से मेरे आत्मविश्वास को हमेशा बल मिला, मैं उसे दिल से धन्यवाद करता हूँ। निशांत सिंह को भी धन्यवाद है जिसने मेरी योग्यता को समझ मुझे बड़ी कामयाबी पाने के लिए सदा ही प्रोत्साहित किया। मैं अपने मित्र सूरज नाथ, राहुल मौर्या, अमूल्य गुप्ता, सौरभ पाल, अनुपम कुमार, शुभम मिश्रा, कुमार सारंग, राहुल आनंद, सूरज कर्ण, विकास मिश्रा, ऋषभ वर्मा, सूरज भारद्वाज, सत्य प्रकाश, आदर्श त्रिवेदी, रंजीत दुबे, वीर, श्रवण, ज्ञानू, बृजेश एवं उन सभी सहपाठियों को भी मैं धन्यवाद करता हूँ जिन्होंने मेरी कविताएँ पढ़ या सुनकर सदा ही सराहा और मेरा लेखन के प्रति उत्साहवर्धन भी किया।

मैं अपने स्कूल और यूनिवर्सिटी के उन सहपाठियों व उन अति बुद्धिमान व्यक्तियों को भी धन्यवाद करता हूँ, जिन्होंने मुझे हमेशा कमतर आँका और मुझे कटु शब्द कहे, कि मैं जीवन में कुछ भी नहीं कर सकता, क्योंकि, मैं जीवन में कुछ करने के लिए बना ही नहीं हूँ। उनकी उन अभद्र बातों से मैं आहत तो हुआ पर हतोत्साहित नहीं, बल्कि उन बातों ने मेरे जुनून की आग को भड़का मुझे कुछ बनने के लिए प्रेरित किया। मेरे इस मुक़ाम को हासिल करने के पीछे वो बातें ही मेरे जीवन की सब से बड़ी प्रेरणा हैं।

मैं प्रकाशक महोदय का भी धन्यवाद करता हूँ, जिन्होंने इस काव्य-

संग्रह के महत्व को समझ, इसे अपने प्रसिद्ध प्रकाशन का हिस्सा बना एक पुस्तक का स्वरूप दिया।

अंततः मैं आप सभी पाठकों को भी धन्यवाद करता हूँ, जिन्होंने मेरे काव्य-संग्रह को इस योग्य समझा कि अपने व्यस्त जीवन से वक़्त निकाल इसे पढ़ने का निश्चय किया।

मैंने भरसक प्रयास किया कि सबको सबके किए का श्रेय दिया चलूँ, पर जिन लोगों का नाम यहाँ नहीं आ सका, वो ये कदापि न समझें कि मैंने उनके साथ को नज़रअंदाज़ कर दिया, मैं उनके किए हर सहयोग के प्रति दिल से कृतज्ञ हूँ और हमेशा रहूँगा, क्योंकि मैं सबके बिना कुछ भी नहीं। धन्यवाद आप सभी का।

-शुभम यादव
17-01-2022

अनुक्रम

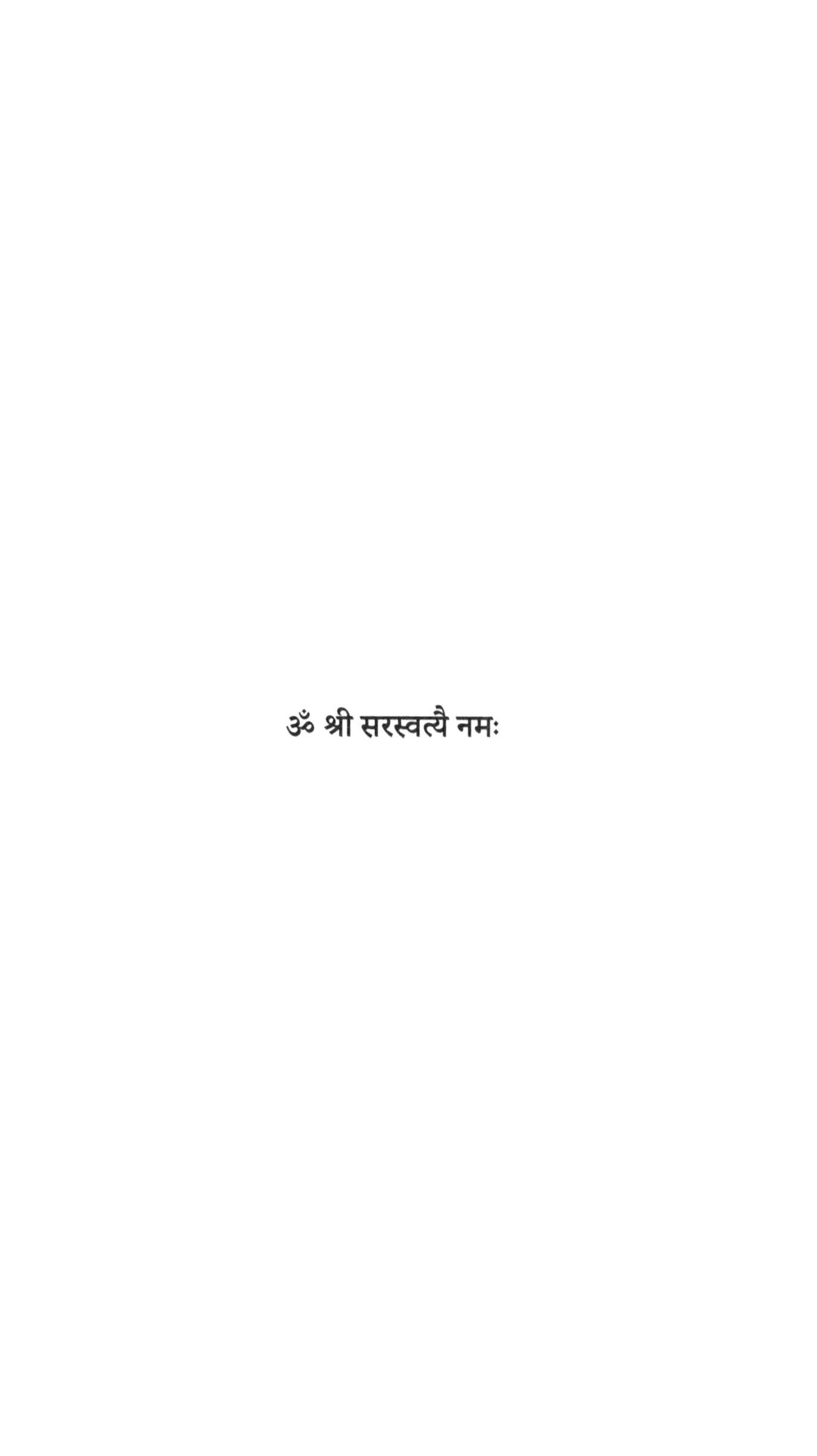

ॐ श्री सरस्वत्यै नमः

संदेश

25-02-2016

कर्म ऐसा करो कि तुम्हारा यथार्थ कल किसी के लिए आदर्श बने,
मुट्ठी भर पानी में भी समुंदर की झलक दिख पड़े।

फल का नहीं फल के मिठास के बारे में सोचो,
वक़्त की माटी पर मेहनत के बीज तुम सींचो।

सच के पथ पर तुम चलना,
सच के लिए ही तुम जीना-मरना,
क्योंकि सच के बिना नामुमकिन है महानता को छू भी पाना।

हार न मानना तब तक तुम,
जब तक सच में न जाओ हार,
हार के कड़वाहट से डरकर छोड़ न जाना तुम यह संसार।

वो पथ ही कैसा जिस पर रोड़े न बरसें,
मंज़िल से दूर पथिक मंज़िल की गंध से न तरसे।

रणभूमि में अजेय बन तुम,
देना वीरता का परिचय।
निडरता से लक्ष्य को पा,
कहलाना तुम रणविजय।

सुनना तो तुम सब की बातों को,
पर बाँध न लेना तुम बातों की गठरी में ख़ुद को।
अनुभव की नौका पर हो सवार,
पार कर जाना तुम विश्वास की नदी को।

शुभम यादव

देखो भाई कितना भाया सबको यह क़िस्सा,
पर अफ़सोस मैं क़िस्सा थोड़े ही सुना रहा।
मैं तो बुझी आग को हवा दे,
सोई हुई चिंगारी को जगा रहा।

ग़ौर करना एक सत्य पर तुम सब,
जाने पाओ फिर ऐसा मौक़ा कब तुम।
हिन्दू हो चाहे मुसलमान तुम पर सबसे पहले हो एक इंसान तुम।

धर्म की क्या रक्षा करना,
धर्म तो करती हमारी रक्षा।
इंसानियत जो हमसे है,
गला घोट कर रहे हम उसकी हत्या।

यह शरीर ही नहीं अपना है,
तो इस धरती का कोई टुकड़ा कैसे हो अपना।
जीवन जो क्षण भर का सपना है,
उसे मनुष्य जीता है मान अपना।

क्या लड़कर ही गँवाना है यह सुनहरा मौक़ा,
या भँवर से लड़ उस पार ले जाना है अपने चरित्र की नौका।

सिंधु नदी के इस पार और उस पार क्यों बहने लगी नफ़रत की नदी,
दो मुल्कों की होली में रक्त के रंग में रंग गयी सिंधु नदी।

नासमझ जन की चिंगारी से जन-जन में जंग की अग्नि सुलग गयी,
और उस बदले की आग में जाने कितनी ज़िंदगियाँ जल कर खाक हो गयीं।

बारी तो है अब विराम के उपयोग की,

मुश्किल है पर नामुमकिन नहीं,
इच्छा पूरी करना भगवान की।
तुम तो एक ज़रिया हो बस,
बाक़ी सब तो प्रभु ही करते,
अच्छा तो है उस धुन पर ही नृत्य करना,
क्योंकि हैं तो सब कठपुतली आख़िर प्रभु के हाथों की।

उस गड्ढे को भर कुछ को नींव का पत्थर बनना है,
तो कुछ को ख़ुद को दीवारों में गढ़कर औरों को राह दिखाना है।

हिन्दुस्तान यहाँ पाकिस्तान वहाँ,
लहराता है तिरंगा यहाँ तो पाकिस्तानी झण्डा वहाँ।
ख़ून की नहीं प्रेम की प्यासी हैं धरती माँ,
ऐसी वर्षा करो तुम बुझ जाए माँ की प्यास और प्रेम से भर जाए जहाँ।

सवाल उठता है तो उठे पर ये तो सोचो क्या सब बुरे हैं,
इतिहास गवाह है धर्म-युद्ध में बुरे से अधिक कितने अच्छे मरे हैं।

ख़ुद को अच्छा कहते हो फिर क्यों अच्छाई करने से डरते हो,
बुराई का अंत करना कोई पाप नहीं,
बल्कि वो पाप है जिसकी हत्या बुरा कहकर तुम करते हो।

ख़त्म करो अब अच्छे-बुरे के उस जंग को,
और ख़ुद से अच्छा बन औरों को दिखा दो,
मानव बन के तुम मानवता का ध्वज फहरा दो।

माना कि कलियुग है पर कलियुग की भी तो अपनी सीमा है,
और उस सीमा के भीतर सभी मानव की अपनी-अपनी गरिमा है।

शुभम यादव

खो न देना तुम मानव को जिसके बिना सूना है धरती का कोना-कोना,
व्यर्थ न जाए यह जीवन क्योंकि फिर न होगा यहाँ आना-जाना।

अधूरा है माँ का उद्देश्य अभी,
प्रलय को अभी न तुम बुलाओ,
माँ के उस कृत को पूरा कर माँ को दर्द से तुम मुक्त करवाओ।

व्यर्थ जाएगा यह संदेश मेरा,
अगर मेरा दीपक अपनी लौ से अंधकार न चीर सके।
निरर्थक सिद्ध होगा जीवन मेरा,
अगर मेरा जीवन औरों का जीवन सार्थक न सिद्ध कर सके।

मेरी लिखी बातों पर विश्वास न भी कर पाना तो,
जीना तो तुम मानव बन के जीना, मरना भी तो मानव बन के तुम मरना।

आत्मबोध

05-04-2019

मत खो तू दुनिया में इतना,

तेरा वजूद तो भीतर है।

मिट भी गया बाहर कभी,

तो भी न मिटेगा भीतर कभी,

कह ले तो तभी जगेगा भीतर तू।

जो जग गया भीतर से,

वो जी उठेगा एक ज्योति सा।

ख़ुद को जगाकर भीतर से,

वो जग को जगाएगा एक ज्ञानी सा।

ख़ुद पहुँचकर मनुष्यता की ऊँचाइयों पर,

वो सब मनुष्यों को ऊँचा उठाएगा।

वो मरने वालों की भीड़ में,

इस जग से जीकर जाएगा,

और औरों को भी इस जग में जीना सीखा जाएगा।

ये आत्म का बोध ही तो,

जो वो ख़ुद से मिल,

औरों को भी ख़ुद सा ख़ुद से मिलने की प्रेरणा दिए चलता है।

भटके हुए इंसान को,

अपने आत्मबोध के गुण से,

जिस्म के बाज़ार में बिछड़े रूहों को रूहों से मिलाने के ख़ातिर प्रयत्न किए चलता है।

उज्जवल भविष्य

31-12-2017

आज आए हो,
कल चले जाओगे।
फिर कितनी रातें,
मुझे तुम तड़पाओगे।

कितना ख़ुश थी मैं,
तुमसे शादी कर।
इतराया करती थी,
सोच-सोच कर सैनिक-अफ़सर।

गाड़ी, बंगला, सैनिक;
सब कुछ है हमारे साथ।
खोजती हूँ उनमें,
पर नहीं मिलता तुम्हारा साथ।

तुम सरहद पर तुम कैम्पों में,
मौत के साये में रहते हो।
इतने कष्ट में होकर भी,
भारत माता की जय ही कहते हो।

गर्व होता है,
जब लोग सैनिक की तारीफ़ करते हैं।
वहीं मन भी डरता है,
यही सैनिक ही तो सरहद पर मरते हैं।

क्या करूँगी कल को,
अगर तुम लिपटे आए तिरंगे में।
क्या जिला देगा मुआवज़ा तुमको,
भर कर जान तुम्हारे तिरंगे लिपटे अंग में।

मैं तो कहती हूँ,
छोड़ कर हथियार अब थाम लो हल।
रोज के मार-काट का,
यही है सस्ता सरल हल।

क्या मिलता है नफ़रत में जल,
बदले की आग में जान लेकर किसी देश को।
सरज़मीं हमारी सरज़मीं हमारी में,
विधवा बनाकर किसी देश को।

आओ गाँव,
अकेले नहीं अपने सैनिकों के संग।
सब किसान बन,
बोएँगे सौहार्द के बीज संग-संग।

सिर्फ़ आज नहीं,
कल का भविष्य भी सँवरेगा।
यक़ीन करो मेरी बातों पर,
घर-घर के बच्चों के दिलों में प्रेम गीत ही बसेगा।

ये मेरी ही नहीं,
सारी दीन-दुखियों की ख़्वाहिश है।
जहाँ बात सिर्फ़ रातों की नहीं,
दिन के उजाले में एक उज्जवल भविष्य बनाने की भी ख़्वाहिश है।

शुभम यादव

भारतीय नारी

तुम भारत की नारी

नर की सी होने में

नर न बन जाना

तुम गुणों की देवी

नर के तनिक गुण के पीछे

अपने सारे गुण खो

नारी होकर भी

नर ही न बन जाना

क्या नहीं हो तुम

क्या नहीं तुममें

नर की सी स्वच्छंद नहीं

नर का सा आनंद नहीं

नर की सी क्यों

नर का सा क्यों

नारी हो तुम

नारी सी स्वच्छंद रहो

नारी सा आनंद रहे तुममें

तुम कहोगी मैं नारी बन रहूँगी

पर नर तो नर सा रहे

मेरे नारी के सतीत्व को

पतित न करने को मरता रहे

नर तो जो है वो हमेशा ही रहेगा

अपने प्रकृति से मजबूर

अपने मन का करता रहेगा

पर तुम चाही अगर
तो वो नर बन रहेगा
जैसे सागर का किनारा
सागर की लहरों से टकरा
साहिल ही बनेगा

तुम नर को गढ़ने आयी
यही तुम्हारी नियति
नर है क्या तुम बिन
यही तुम्हारा अस्तित्व
अपने अस्तित्व से
तुम नर का अस्तित्व बनाने आयी

मत समझना ग़लत मुझे
मैं तुम्हें रूढ़ियों में नहीं बाँध रहा
तुम्हें नर का गुलाम नहीं
उसके ज़रूरत का सामान नहीं
बल्कि उसके आचरण का लगाम
तुम्हारे हाथों में थाम रहा

तुम नारी हो
तुममें शक्ति है समाज निर्माण की
नर तो भटका फिरा है युगों से
तुम ना भटको नर सा
एक शिष्ट नर का निर्माण कर
तुम शिष्ट समाज का पुनर्निमाण करो

शुभम यादव

नर के आचरण से त्रस्त जो तुम
नर बन बदलाव लाना चाहती हो
नर के आचरण में बदलाव ला
उन समस्याओं का समाधान
तुम नारी रहकर भी कर सकती हो

नर जो बदला दिखेगा
तो नारी-नर से युक्त
बना नया समाज भी
नये विचारों नये संस्कारों से ओत-प्रोत
इस युग में प्रगति पथ पर बढ़ता
हर युग में प्रगति करता दिखेगा

नाज़ है तुम पर ऐ नारी
नर को तुम ही योग्य बनाने वाली
योग्यता की तुम जननी
भारत की शान
भारतीय नारी
जो है सर्व गुणों वाली
सर्व गुण संपन्न
वही भारत की पहचान
भारतीय नारी

वक़्त की क़द्र

18-05-2019

सब ने कह दिया,

कल में क्या रखा है,

जो भी है,

आज है, अभी है, इस वक़्त है।

कल की राह पर छोड़ ख़्वाब क्या पाएगा तू,

कल न आएगा न आएगी तेरे ख़्वाब की कोशिश,

सब मन ही मन रह मिट जाएगा।

जो बन जाता तू आज,

उसे कल की राह में छोड़ कल भी न कुछ बन पाएगा।

जो बनना, जो कहना, जो करना है वो आज कर जा,

कल की किसे है परवाह आए न आए,

आज आया है जी ले उसे कल का क्या।

मैं नहीं कहता कि कल नहीं आता,

आता वो रोज है,

बस देख न पाता कोई,

वो आज बन, अभी बन और इस वक़्त बन आता है।

तो आज क्या ? कल क्या ?

जो है अभी है, यही है और इस वक़्त है।

रण हो रण सा

रण वही जीत का जिसमें मुक़ाबला टक्कर का हो,
न ख़ून बहे न पसीना जिसमें न लगे कि हार दर पर है,
वो रण कहाँ मिली जीत उसमें हार है।

जीतने का जुनून सिर पर सवार,
कहता रहे हर वक़्त तलवार।
प्यास लगी है रक्त की,
बस आस यही उस वक़्त की,
कि छू जाए मेरे तड़पते तन से कोई।
कर दूँगा लाल लहू से,
लिख दूँगा इतिहास लहू से।
चिसेंगे न धार मेरे,
कोई न बचेगा,
जब तक हैं साँसें रुकेंगे न वार मेरे।

ये तलवार कर्म की तलवार है, जो मानव हत्या को नहीं बनी।
दिख सकती ये रण की सी क़त्लेआम करती हुई,
अपने रक्त पिपासा में मानव जीवन को मौत के घाट सरेआम करती हुई।
ये अपने कर्म के ज़ोर पर अमानवीय गुणों का कत्ल कर, मानवता गढ़ने को
बनी।

योद्धा इसे रण का तलवार समझे,
प्रेमी इसे दिल का प्यार समझे,
नाविक नौका का पतवार समझे,
श्रमिक श्रम का वार समझे,

भक्त भक्ति का सार समझे,
लेखक क़लम को तलवार का अवतार समझे।

जो भी समझे जो कोई,
बस ये समझे कि रण हो रण सा,
और संघर्ष बाद ही रणजीत बन,
जीत की ख़ुशी का उपहार मिले।

जन्म और मौत के दरमियान का वक़्त

20-05-2019

असल ज़िन्दगी तो वो वक़्त ही है,

जो जन्म और मौत के दरमियान,

उतार-चढ़ाव लिए वक़्त के मरु में गुज़रती है।

ये ऐसा मरु है जिस पर रोज टिकती हैं,

रोज मिटती है सब के कर्मों की छाप।

सब कहते हैं ये कर्म ही हैं तुम्हारे इस जन्म उस जन्म के मार्ग के द्वार,

तो फिर कर्म ही तय हो हर मुसाफ़िर का धर्म।

धर्म कहे मैं रहूँ सत्य, अहिंसा, प्रेम में रमा,

मुझे धारण करने वाला हो मानव,

वो मानव जो कहलाता न हो बस मानव।

उसके कर्मों में दिखे मानवता के लक्षण,

हो जीवन जिसका दर्शन युक्त।

जो न रटे सिर्फ़ सब कुछ है ब्रह्म सब कुछ है ब्रह्म,

देखे वो क़तरे-क़तरे में प्राणी-प्राणी में उस ईश्वर का वास।

जिसने बनाया ये संसार बाँटकर ख़ुद को सृष्टि में,

और गढ़ा मानव को कि देख मुझे तू इन खण्डों में।

बँटा-बँटा सा मैं हूँ कितना,

लेकर मेरी एक झलक तू खोज मुझको ख़ुद में।

और जोड़ यह संसार बँटा जो खण्डों-खण्डों में,

मुझमें ही रंग, जाति, मज़हब वो खण्ड,

जिन्हें जुड़ना मानव के कर्मों से।

कर्मों को पहचान दिलाता वक़्त,

वो वक़्त जो सब को मिलता इस संसार में,

जब बन कर आता मानव अपने वक़्त को जीने,

दरमियान जन्म और मौत के।

आत्मविश्वास

26-05-2019

कहने दो लोगों को जो भी कहते हैं,
अच्छा या बुरा,
ये उनकी सोच पर निर्भर है।
तुम जानो ख़ुद को,
सोचो अपने बारे में,
क्या नहीं हो तुम?
क्या नहीं कर सकते तुम?
जो तुम जितना सोच सकते हो,
वो तुम उतना पा सकते हो।
क्या कमी है?
सब कुछ है तुममें,
बस जानने की देरी है।
जान गये तो जग है तुम्हारा,
ख़ुद के मान में मान है इस जग में तुम्हारा।
बने रहो डटे रहो,
ख़ुद में होकर ख़ुद पर विश्वास करो।
लोगों को कुछ-कुछ कहने दो,
उनके कहने में ही ख़ुद को कुछ-कुछ करने दो।
उनके बुरे ज़बान को जोश बना,
अपने कर्मों को कुछ कहने दो।
लाख गिराए दुनिया लाख गिरा समझे तुमको,
कर दिखाओ कोशिश तुम,
हो कितने क़द में ऊँचे उनसे तुम।
बस बने रहो डटे रहो,
ख़ुद में होकर तुम ख़ुद को जानकर,
ख़ुद से कुछ-कुछ करते रहो।

यौवन का महत्व

15-06-2019

यौवन ज़िन्दगी का वो पड़ाव जिससे कौन नहीं आकर्षित होता

हो भी क्यों नहीं ज़िन्दगी का बसंत जो ठहरा

रंग, गंध, रस से भरा हुआ तरो-ताज़ा किसी फूल सा खिला-खिला

क़तरे-क़तरे से टपकता जोश-जुनून

हवा में घुलता रुतबा और शख़्सियत का इत्र

इंद्रधनुषी छठा बिखेरता तेजोमय ऊर्जावान रूप

सोच आशा के समुंदर से भीगा

ख़्वाब आसमान चूमते

ख़्वाहिश सब कुछ पाने की

नामुमकिन कुछ भी नहीं

हार किस चिड़िया का नाम जिसे किसी ने सुना नहीं

जीत मुट्ठी की गुलाम

इंसान अमर भगवान

कितना बनाती है ये ज़िन्दगी

सब कुछ का माया कर

लोभ दिखा यौवन की उतरती दोपहर संग क्षणभंगुर ज़िन्दगी का नशा भी उतार देती है

अचानक से आयी शाम को देख इंसान ठगा सा महसूस करता है

पर उसके सोचते-सोचते ही रात गहरा जाती है

और ज़िन्दगी अपनी मंज़िल तक न पहुँच थक कर सो जाती है

कब तक के लिए

या शायद हमेशा के लिए

सब कुछ होने के पीछे कोई न कोई मक़सद ज़रूर होता है

इस ज़िन्दगी का भी तो होगा

है न यही कि जो होना है वो तो होगा ही

माया है तो सत्य भी

माया में रहकर पड़े बग़ैर उस सत्य तक पहुँचना है

ख़ुद तक पहुँचना है

जिसे इंसान दिन के उजाले और तपती दोपहर में ही पहुँच सकता है

इसका ज़िन्दगी के शाम और रात में कोई अस्तित्व नहीं

इसलिए ज़िन्दगी ने यौवन की दमकती सुबह और दहकती दोपहर दी

ताकि इंसान इस माया-जाल से दिनों-दिन उजाले में निकल सके

वो अपने सोच और विचारों के ज़रिये बाहर निकल सत्य तक पहुँच सके

ख़ुद तक पहुँच सके

कई अंतर्द्वंद्वों से जूझकर वो उचित पथ चुनते हुए आगे बढ़ता रहे

ये बात जानकर कि इसी क्षण का नाम ज़िन्दगी है वो हर पल को जीता चले

वो हर वो चीज हासिल कर ले जो माया नहीं बल्कि सत्य है

ये सोच और विचार से ही संभव है जो कि इंसान को ज़िन्दगी में यौवन में ही

मिलता है

वो नदी के बुलबुले सा उठता रहता है

जब तक कि नदी का पानी सागर में मिल खारा न हो जाए

इस सोच का बुढ़ापे में कोई अस्तित्व नहीं होता

ये सोच नहीं जगते ये विचार नहीं उफनते

क्योंकि तब इंसान में वो यौवन का तेज, ऊर्जा, आक्रामकता और क्रांतिकारी

मन नहीं रह जाता।

शब्द की शक्ति

19-06-2019

होंगे दुनिया में शस्त्र अनेक,
होगी उनकी क्षमता शक्ति अनेक।
पर जितने भी मौजूद यहाँ सब की मंशा विनाश की,
मानव निर्मित मानव के सत्यानाश की।

एक शस्त्र है दुनिया में ऐसा,
जो मिला सब को है,
ज़बान जहाँ धनुष कहो या फिर बंदूक़,
तीर सा निकले या फिर गोली सा,
शब्द शक्ति प्रदर्शन का।

शब्द के ताक़त से चाहे गढ़ लो संसार एक नये मानव का,
आचरण के दम पर बदल दो आचरण मानव का।
या चाहे नाश हो नाश कर दो मानव का,
अमानवीय बातें कहकर गला घोट दो मानवता का।

मानव हो तो सोचोगे,
क्या सही क्या ग़लत यहाँ।
कैसे तीर चुनने तुमको,
कैसे गोली भरने तुमको।

शब्द बनते शब्दों से,
मानव मन-मस्तिष्क में।
जितना पढ़े इंसान कोई,
उतने शब्दों से ज़बान गढ़े।
आये निखार शब्दों में,
कर-कर प्रयास अनुभव से।

शब्द की खान पुस्तक,
लूट लो सब कुछ गजनवी बनकर।
सोमनाथ के ख़ज़ाने से,
बढ़कर है ख़ज़ाना पुस्तक का।
उसने तो लूटा सत्रह बार,
पर तुम लूटो बारंबार।
उस ख़ज़ाने का अंत था,
पर ये ख़ज़ाना अनंत है।
उम्र बीत जाएगी लूटते-लूटते,
पर ख़त्म न होगा ये ख़ज़ाना।
जाते-जाते यही कहोगे,
एक उम्र न काफ़ी थी लूटने को शब्दों का ख़ज़ाना।

लूट ख़ज़ाना सशक्त मानव दागे दग-दग शब्द,
और देख प्रभाव शब्द की शक्ति का,
कहता फिरे अनुभव से वो पग-पग;
शक्ति बसे निरंतर बहते शब्दों में,
चाहे भरे मानव जिसे ख़ुद में या औरों में,
या ही दोनों संसार में।

जवानी में जय

कहीं चढ़ी जवानी दिखे,
तो देखना आकर्षण से हो आकर्षण पर न रह जाए।
जो आग सुलगे भीतर,
बाहर आ ज्वाला सी दहके।
लपटों में बँट-बँटकर अधर्म को राख करे,
शिव का सा रूप धरकर शिव का सा तप करे।
साँप-भस्म-जटा का सा रूप नहीं,
सत्य-चित्त-आनंद में होकर,
तप से शिव का रूप धरे।
ध्यान रहे व्यर्थ न जाए चढ़ी जवानी,
शिव का सा ताण्डव कर,
कायम करे धर्म का राज।
जवानी के यश को यश दे,
लूटे कीर्ति की सौग़ात।
कह गए ऋषि मुनि कवि-जन,
जवानी जब आए,
आग-आग मिलने को भड़के।
पर जो ताप को ताख पर रखकर,
तप का अनुसरण करे,
जवानी में जय उसी को राह-राह पर मिले।

श्रेष्ठ मानव

25-06-2019

आसान सी ज़िन्दगी भी कोई ज़िन्दगी हुई,
जी कर मर जाने वाले भी क्या जीते हैं,
आराम सुख की शय्या पर लेटे,
ज़िन्दगी खान-पान इंद्रिय में समेटे,
क्या कर्म-धर्म छूता उनको?
क्या बनते कभी वो आदर्श मानव?
बस आनंद छूता उनके तन-मन को,
और छूता-छूता हर लेता उनके मानव के जीवन को।
आनंद में चूर मृत मानव रहे वंचित अपने उस धन से,
जो जगता केवल चुनौती, मुसीबत, निराशा के कठिन व्रत से।
ये कठिन शब्द ही डरा देता भीरु मानव को,
जो आनंद पथ को श्रेष्ठ समझ थाम लेता अपने कदमों को।
पर श्रेष्ठ वही कहलाता जग में जो तोड़ बेड़ियाँ आनंद की,
निडर हो निडर सा चुनौतियों से लड़ता,
मानव हो मानव धन को पाने बढ़-बढ़ जाता।

हार का सामना

10-07-2019

हार से डरे लोग ये नहीं जानते,
कि जीत का राज़ इसी में छिपा है।
हार भले कड़वा लगे एक वक़्त पर,
पर वक़्त जानता है ये कड़वाहट कितने काम का है।
अनुभव, तजुरबा, एक्सपीरिएंस चाहे जो भी कहो,
यही तुम्हें हार से लड़ना सिखाता है।
तुममें अलख जगा तुम्हें वो बनाता है,
जो रण कौशल से युक्त जीत के क़ाबिल हो।
जो न हासिल कर सका तू पहले के रण में,
उसे हासिल करा तुझे,
जीत की मिठाई का स्वाद चखाता है।
ये तुझ संग हमेशा का साथी बन,
तेरे ही जीवन नौका को पार नहीं,
बल्कि औरों के नौका का पतवार भी बनाता है।
इसलिए हार बड़ा या जीत,
मैं तो कहूँगा हार ही।
जीतो न जीतो ज़िन्दगी में कभी,
पर हार का सामना ज़रूर करना।
जीत तो तुम जाओगे उसके बाद भी,
पर पहले जीत गए अगर,
तो वो हार का स्वाद न चख पाओगे।
अनुभव न हासिल होगा,
न ही मिली जीत की मिठाई के मिठास का कभी क़द्र कर पाओगे।
और बिन थामे अपने दिल में जीत का एहसास,
कैसे तुम दुनिया का दिल जीत पाओगे।

वीर की पहचान

11-07-2019

वीर की पहचान न अस्त्र से न शस्त्र से,
उसके सीने में स्थित जो जिगर है,
उसमें धड़कती धड़कन से है।

उस धड़कन में उफनते उस आग से है,
जो धधक-धधक कर,
हुनर की आग सुलगाती है।

ये हुनर है तो योग्य हो तुम,
और योग्यता के संग निडर हो,
तो वीर हो तुम।

वीरता शस्त्रों से नहीं आँकी जाती,
वीर अस्त्रों के बल पर शस्त्रों के बल पर,
निर्भर हो रण में नहीं उतरते।

वीर निशस्त्र भी युद्ध में सीने पर वार सह लड़ते हैं,
हँसते-हँसते शहीद हो मौत के बाँहों में लिपट कर भी,
वीर कभी अपना गुण नहीं छोड़ते हैं।

जाते-जाते भी अपने शूरता के क़िस्से,
लोगों की ज़बान पर छोड़कर,
अपनी वीरता का छाप छोड़ जाते हैं।

जीते जी ही नहीं मर कर भी वो,
अपने वीरता की प्रेरणा से,
नये वीरों को गढ़ते चलते हैं।

वो वीर ही पैदा हो वीर ही मरते हैं,
तभी तो दुनिया में जीते जी ही नहीं,
मर कर भी वो वीर ही कहलाते हैं।

प्रभु की पूजा

09-08-2019

भरमा-भरमाया है जग सारा,

कोई पूजता राम को तो कोई घनश्याम को,

रहीम को भी कोई-कोई पूजे,

पर अंधा जग अंजान,

पूज के भी प्रभु को पूजे न कोई प्रभु को ।

प्रभु की महिमा है इतनी न्यारी,

जिसे जान न पाता कोई,

संसार का संसारी ।

ये संसार ही तो प्रभु हैं,

प्रभु में बसता ये संसार है ।

जब जीवों को न देखा,

जीवों को न पूजा,

तो व्यर्थ है पूजना राम को,

घनश्याम को रहमान को ।

जो टुकड़ों-टुकड़ों में बँटकर बिखरा है,

बिखरा दिखता है इस जग में,

पत्तों में पेड़ों में,

कलियों में फूलों में,

नदियों में तालाबों में,

आसमान में, आसमान में तैरते बादलों में,

पहाड़ों में, पहाड़ों से गिरते झरनों में,

सागर में, सागर पर उफनते लहरों में,

रेत में जंगल में गाँव में शहर में,

वहाँ बसने वाले जीवों में,

कीट जानवर पक्षी व इंसानों में,

चिंगारी

जहाँ-जहाँ जीवन दिखे,
जीता दिखे पल-पल,
भर कर साँसों में,
प्राण बन क्षण-क्षण।
वही तो स्वयंभू प्रभु है,
नाम जिसका अनाम है,
ध्वनि जिसका ॐ,
शांति जिसमें अनंत है,
जीवन जिसमें आनंद है,
वही तो सच्चिदानंद निराकार,
वक़्त से परे प्रभु है।
पूजो उसे बाक़ी सब व्यर्थ है,
ढोंग है माया है,
सभी जीवों का अंत है।

कामयाबी का मंत्र

21-08-2019

जब सोच लिया है मन में
ठान लिया है ख़ुद में
है पाना पा कर रहेंगे वही
तो हाथ पर हाथ धरे क्या बैठे रहना
बढ़ जाना ही है समझदारी
बढ़ जाने में ही है तरक़्क़ी

बढ़ो तो सही बढ़ कर देखो तो सही
कामयाबी मिलेगी क़दम चूमकर
बस शर्त है यही
रुकना नहीं है पथ में
थकना नहीं है पथ में
पथ-पथ में ही मिलती है मंज़िल
कामयाबी वो तुम्हारी
जिसे पाने को सोचा था तुमने
जिस सफ़र के लिए चुना था अपने क़दमों को तुमने

कितनों ने पायी ऐसे कामयाबी
और कितनों को पानी है ऐसे ही
क्योंकि मिलती है कामयाबी ऐसे ही
कामयाबी का ठहरा मंत्र यही

सब्र के रथ पर हो सवार
बढ़ाए चलो बस कर्म रथ
पाने की जो इच्छा की है
पाने का जो सोचा है दिल से
उस लक्ष्य की एक तस्वीर बनाकर

अपने ज़ेहन में उतार लो
और जब तक न मिल जाए वो लक्ष्य
उस तस्वीर के झलको में
अपने ज़िन्दगी के हर एक पल को ईमानदारी से लगा दो

एक दिन आएगा ऐसा
जहाँ देखोगे तुम ख़ुद को कामयाब हुआ खड़ा
तब लगेगा जीवन सार्थक
और सार्थक हर दिन का वो निरंतर प्रयास
जो नींव बना मिली कामयाबी का
क्योंकि मंत्र यही कामयाबी का
मंत्र यही कामयाबी का

मृत्यु अंत नहीं

28-08-2019

जीवन होता रात सा,
अंधकार अँधेरा-अँधेरा।
जन्म देता है ईश्वर,
हम सब को दीप बनाकर।
उस अँधेरे को दूर करने को,
हम सब में एक लौ जलाकर।
उस दिन तक जलते रहने की एक अलख जगाकर,
दूर अँधेरा करते रहने की सीख सिखाकर।
जब तक न आ जाए भोर,
सवेरा दिखे ईश्वर को हर ओर।
जलते रहना है जलते रहना है,
कभी ज्योति सा कभी अग्नि सा,
तो कभी ज्वाला सा।
सोच लिए मन में कि फिर से है जलना कभी,
शाम होते-होते रात होने पर उस अंधकार अँधेरे में,
उजाले का एक बार फिर एहसास होने के लिए।

चिंगारी

अच्छे वक़्त की आहट

06-12-2019

एक वक़्त बुरा हो कितना भी,
हर वक़्त नहीं रह सकता।
लाख तलवारें तेज़ हों,
ज़ंग लगेगा धार पर,
हिम्मत टूटेगी,
उसकी कमर जाएगी झुक।
परिवर्तन के चाबुक के आगे,
बुरा वक़्त न कर सकेगा कुछ।
हौसला, उम्मीद और जोश जगाए रखना,
वक़्त दर वक़्त अच्छा वक़्त आएगा।
जो है ये बुरा सा लगता वक़्त,
वही अगले वक़्त पर अच्छा वक़्त ले आएगा।
ये सब पर लागू होता,
चाहे हो कोई इंसान किसी भी मुसीबत में फँसा।
ये सब को एक सा लिए चलता,
ये सब का एक सा परीक्षा ले कर परिणाम दिए चलता।
बुरा वक़्त हो जिसका भी,
उस, उस को है ये सबक।
भरोसा रखो ख़ुद पर,
देख रहा हर पल तुम्हारा धैर्य वो ईश्वर।
भरोसा रखो अपने कर्म पर,
कर्म व्यर्थ कभी नहीं जाता है,
देर ही से सही कर्म का फल द्वार पर ज़रूर आता है।
और जब भी आता देता यही सबक,
अच्छा वक़्त आता ही तब जब देता द्वार पर बुरा वक़्त है दस्तक।

संगम

27-11-2019

मिले साहस अगर
तो कोई क्या न कर ले
पथ-भ्रष्ट हुआ पथिक भी
सच का पथ ले
सच्चा बन चले

पर सिर्फ़ साहस से क्या हो
कदम नहीं बढ़ते तब तक
जब तक साहस का मिलन
विश्वास से न हो

हो तो हो दोनों का संगम हो
जहाँ साहस को विश्वास मिले
और विश्वास को साहस
कि बढ़ता पथिक बस बढ़ता ही जाए
और अपने बढ़ते कदमों से
सच का प्रतीक बन
अपने कर्मों का मिसाल गढ़ता जाए

व्यक्ति को व्यक्तित्व बनाता कौन
ये संगम ही तो
क्षमता रहता सब में
कुछ बन गुज़रने का
कुछ कर गुज़रने का
बस इस संगम के अभाव में
व्यक्ति व्यक्ति ही रह मर जाता

चिंगारी

इस संगम में गोता लगाए
चले अगर इंसान
तो मुश्किल कुछ भी नहीं
सब दिखे आसान उसे
हर मंज़िल को पाता
बनता चले महान वो
और अपनी महानता से
बनाता चले सब को महान वो

मन का बल

वे चलते क़दम चलते-चलते कुछ रुक से गए,
देखा तो पथ में काँटे और राह-राह पर कंकड़ बिखरे थे।

एक मन हुआ बस यहीं से लौट चलूँ,
पर दूजा मन कह उठा इतना भी कायर नहीं तू।

मत बन इतना कोमल कि क़दम तेरे ज़ख़्म न सह सकें,
उस ज़ख़्म से रिसते दर्द की आहूति से ही तो तेरा कल्याण होगा।

क्यों डरता है सब सहने से,
सहता जा न क्या जाता है बस सहने में।

जब कर ही लिया है इरादा तू सब पाने का,
तो पीछे क्यों हटता है।

जिन क़दमों से कल तू चला था,
आज उन क़दमों से क्यों नहीं चल पड़ता है।

जो इरादा था कल तेरा जोश भरा,
वो आज क्यों नहीं दिखता है।

भर ले तू एक बार जोश फिर से और बढ़ चल,
ये रोड़ा बढ़ते क़दमों संग नहीं दिखता है।

जब भरते हैं पंछी हौसलों की ऊँची उड़ान,
तो पंखों को भेदने को बहता पवन तीर भी,
पर पंखों के इरादों के आगे क्षण भर नहीं टिकता है।

आकाश में ज़मीं पर या जल की धारा पर ही,
किसी हिम्मती के हिम्मत से बढ़ते क़दम के आगे,
कोई रुकावट मिटते-मिटते अधिक वक़्त तक नहीं टिकता है।

सोच का कमाल

25-01-2020

तू सोचता है तो सोच पहले,
सोचने को ही तो सोच।

तेरा सोच ही तुझे ख़्वाब देखना सिखाएगा,
तुझे तेरे कर्मों के ज़रिये तेरी मंज़िल तक पहुँचाएगा।

मत सोचना बस संकीर्ण होकर,
जब सोच लिया है ईश्वर ने तुझे तो सोचना जरा खुलकर।

ऊँचा किए अपने आदर्शों को अपना सोच ऊँचा किए रखना।
ईश्वर तक तू पहुँचे न पहुँचे,
अपनी दरियादिली दिखाकर आवाम के सुख चैन अमन के बदले,
मिली दुआ से अपनी रूह को ऊँचा उठाए रखना।

सब जन्मते हैं पशु ही बस सोच से ऊपर उठते हैं,
उठते-उठते ऊपर कुछ इंसान तो,
उन लाखों करोड़ों की तादाद में से कुछ-कुछ ही भगवान बनते हैं।

कुछ भी नहीं मुश्किल यहाँ बस सोचने की देरी है,
सोच सकता तो तू सोच लेना,
सोचने से ही अगर भगवान नहीं तो इंसान तो बनते ही हैं।

घाटा नहीं इसमें तेरा कुछ भी,
तू सोचना बिन सोचे यहाँ तू क्या-क्या। ही पाएगा।
कुछ भी नहीं अगर तो तेरे सोचने से भगवान नहीं तो,
तू इंसान बन तो ये दुनिया जी ही जाएगा।

कोशिश की ज़रूरत

होता सब कुछ अपने पास है,

बस एक कोशिश की ज़रूरत रहती है।

कोशिश करता वही है,

जिसमें कुछ पाने की ललक जगती है,

उमंगें तन मन में हिलोरे मारती रहती हैं।

योग्यता, हौसला और एकाग्रता ही तो वो तीन गुण ठहरें,

जिनके बल पर कोई मंज़िल की ओर दौड़ लगाता।

अधिकता में इन गुणों को ले कोई क्या करेगा,

जब द्वार आए वक़्त पर वो उचित कर्म नहीं करेगा।

बेहतर वो करता है बेहतर वो कहलाता है,

जो देख अपनी ख़ूबी अपनी ताक़त बनाता है।

जो रहता मौजूद पर्याप्त मात्रा में उसके पास,

उसे ही सही अवसर पर इस्तेमाल कर अपनी राह बनाता है।

बस डगर-डगर वही राह बनते-बनते,

उसके क़दमों संग चलते-चलते,

मंज़िल का नाम बन,

वो ही उसका ज़िन्दगी बन जाता है।

जो बढ़ता जाता सब मान लिए,

पर घमण्ड से कोसो दूर,

थामे अपने प्रगति को,

निडर सूर्य के तेज सा

तो वो ही नहीं उसका जीवन भी सबका इतिहास बन जाता है।

निरंतरता

19-09-2020

मैं नदी की लहरों सा बहना चाहता हूँ,

निरंतर-निरंतर-निरंतर,

बस बहते रहना चाहता हूँ।

मैं इस छोर से उस छोर नहीं,

सीमित नहीं असीमित,

किसी सागर के लहरों सा,

निरंतर बहना चाहता हूँ।

मुझे तट से नहीं टकराना,

मुझे रेत के कणों संग नहीं इतराना,

मुझे तो बस अबाध पानी पर उफनतीं लहरें चाहिए।

जो बहती जाए शुरू से अंत तक,

उस अंत से अनंत तक।

जहाँ पर सिर्फ़ पानी, बहाव और गहराई हो,

लहरों पर लहरें चढ़ती जाने वाली परछाई हो।

मुझे कोई स्थिरता नहीं मुझे तो बस पानी का बहाव चाहिए,

मुझे नदी और किसी सागर का सा जीवन में निरंतरता का भाव चाहिए।

मुझे सिर्फ़ नदी या फिर सिर्फ़ सागर का नहीं,

बल्कि दोनों के लहरों का स्वरूप,

बहता-बहता और बहता निरंतर बहाव चाहिए।

बहादुर कौन?

16-04-2020

गुलाम ही जीते हैं,
गुलाम ही मर जाते हैं,
अपने सोच की गुलामी में,
ख़ुद को मालिक-मालिक कहकर,
कितनों पर जुल्म ढाहा करते हैं।
बदतर है ज़िन्दगी इनकी उनसे,
जो जुल्म सहा करते हैं।
मरते हैं भले जो जीते जी,
पर वो आज़ाद ही पैदा हो आज़ाद ही मरा करते हैं।
कैसा धर्म कैसे रिवाज,
कहते सदियों से चली आई ये प्रथा पीड़ा देने की,
बस उसे ही हम आगे बढ़ाते चलते हैं।
जिन असहाय लोगों को अपने पुरखों की जायदाद समझ,
वो क्रूरता से लूटा करते हैं,
पता नहीं उन्हें हक़ीक़त में वो ख़ुद को ही लूटा करते हैं।
क्या यही बहादुरी उनकी,
क्या ऐसे ही बहादुर वो ठहरें,
जो दीन-दुखियों के ऊपर अत्याचार में ही साहस बिखेरा करते।
जहाँ दिखाना पड़े अगर वहाँ न दिखाया साहस,
तो व्यर्थ है साहस साहसी का।
नाम मात्र का जीवन जीकर क्या मिलेगा,
बहुत चल बसें लेकर नामों का बोझ,
पूछो उनसे जाकर क्या अर्थ निकला उनके जीवन जीने का।
जो कमज़ोरों के हक़ में,
डर से एक आवाज़ नहीं उठा सकते,
बहादुर तो फिर वो कमज़ोर ही ठहरें,
जो दीन-हीन से दिखकर भी,
ख़ुद पर हुए सब जुल्मों को,
निडर हो सहा करते हैं।

चिंगारी

ज़िन्दगी की सीख

01-10-2020

जितना सिखाया उतना जताया,
गुरु परिजन सब ने ही तो यही राग अपनाया।
पर जब भी हराया ज़िन्दगी ने,
बिना जताए हर बार बताया।
खोज कर मुझको मुझसे मिला,
बिन कुछ कहे मुझे जीना सिखाया।
ज़िन्दगी ने जिसे हराया,
उसे ही हर बार जिताया।
हार का स्वाद चखा-चखा कर,
जीत का स्वाद चखने के लायक़ बनाया।
खोजी आँखें विकसित कर,
उसमें एक नये नज़र का नज़रिया दे,
कुछ खोजने के लायक़ बनाया।
हारा-हारा मैं इतना हारा,
कि हर हार ने मुझे सृष्टि का दर्शन करा,
मुझे दार्शनिक बना कुछ खोजने के लायक़ बनाया।
हर हार ने मुझे क्या-क्या नहीं खोज कराया,
जिसके बल पर मैं कितना कुछ लिख पाया।
सब हारों ने मुझे कितने खोजो का खोजी बना,
सबसे बड़ा ये खोज कराया।
मिल जायेंगे कई-कई यहाँ देने वाले शिक्षा,
पर ज़िन्दगी जो सीखा देगी हरा-हरा कर,
नहीं मिलेगा कोई देने वाला ऐसी शिक्षा।

दान की महिमा

26-01-2020

लालच के हाथों से कोई क्या तरक़्क़ी करेगा,
जितना भी मिलेगा उसे ख़ुद के लिए सहेज,
ख़ुद को छोटा करेगा।

ज़िन्दगी हर पल यही सिखाती है,
जितना तू पाता है उतना लुटाता चल,
राह में चलते-चलते अगर ज्ञान भी मिले तो तू दुनिया को ज्ञानी बनाता चल।

ख़ुद के वजूद के लिए बस मत एकल करना,
एक वक़्त आएगा ऐसा भी कि सब कुछ रहेगा तेरे पास,
पर तेरा वजूद ही न तुझ संग रहेगा।

इतना छोटा क्या ख़ुद को बनाना,
जब ज़िन्दगी मिली है बड़ी सी तो,
क्यों नहीं ख़ुद को भी बड़ा बनाना।

दे कर देखना तू कुछ भी,
बस ज़रा दिल से देना,
लौट आएगा सब कुछ तेरा तुझे जितना दिया उससे होकर दुगना।

ये नियम है प्रकृति का,
यहाँ पहले देना पड़ता है,
जो देता ख़ुशी-ख़ुशी, जीवन भी उसको भर-भर झोली ख़ुशियाँ देता है।

बस सब्र की धड़कन दिल में थामे,

अपने दिल को बड़ा बनाए रखना,
वे कहेंगे दान मत कर कुछ न आएगा पर तू ध्यान न देकर सब दान किए
चलना।
वक़्त लगता है कुछ लौट के आने में
पर यक़ीन कर मेरा ये दान की महिमा है,
यहाँ भेदभाव नहीं न्याय के शासन में सब को सब के हक का बराबर मिलता
है।

तू मत व्यय करना वक़्त व्यर्थ घबराने में,
यहाँ कुछ नहीं ऐसा,
रोकने दे लोगों को नुक़सान न तेरा कुछ दान कर जाने में।

बड़ा नहीं अगर तो,
एक छोटा ही दान कर तू देख,
योग मुद्रा में बैठ साँसों को छोड़ नये साँसों के आने पर प्राणायाम का परिणाम
तू देख।

जीवंत हो उठता है तू जब छोटे से दान पर,
तो सोच हर दान पर कितना अंतर दिखेगा,
तेरे देने के इस प्रतिभा के बदले सोच तू तेरे जीवन में कितना अंतर दिखेगा।

तभी तो कहता हूँ तू दान की महिमा को समझ,
जो भी तेरे पास उसे तू दान किया चल,
तेरा किया दान देगा तुझे सद्गति आज नहीं तो कल।

विवेक के संगत से

04-06-2020

मन डरता है, क्यों बार-बार डर जाता है;
हर बार ही क्यों बढ़ते क़दमों को रोक जीवन छोड़ मर जाता है।
मन के घर में जगह बहुत है कि रह सकें दोनों,
वे दोनों डर और विवेक मिलकर,
पर डर का निभता नहीं विवेक से।
जब डर रहता घर में,
दोनों लड़ते रहते,
जब तक न जीत जाए डर विवेक से या ही विवेक डर से।
डर और विवेक चाहे ख़ुद को जो जो कहें,
पर जीतते वो है मन के बल पर,
मन जिसका साथ देता,
जीत उसी का हाथ लेता।
जीते कोई उससे क्या,
जीत तो जीत होती है,
नहीं, नहीं! मन की स्थिति इसी जीत पर टिकी होती है।
डर के संग जाने पर मन को वही मन मिलता है,
जिसे पाकर मन को बड़ा आनंद मिलता है।
पर क्षण भर टिके जो आनंद उसका क्या लाभ,
बिन लहरों के टिका-टिका सा मन का जल मैला हो चलता है।
और वहीं विवेक संग जाने पर,
परिवर्तन की लहरें आती जाती रहती हैं,
जिनमें धुलकर मन बार-बार नया सा हो जाता है।
डर के संगत के अँधियारे के विपरीत,
उजियारा ही उजियारा मन के कोने-कोने में हो चलता है।
डर के संगत से मन को माया जगत में मिथ्या का दर्शन होता है,

और वहीं विवेक के संगत से मायावी संसार में भी मन को सत्य का दर्शन होता है।

मिथ्या का आनंद क्या ही आनंद हो सकता है,
हाँ, वासनाओं में आसक्त आनंद ही तो डर मन को दे सकता है।
और सत्य के आनंद का क्या कहना,
आनंद तो वास्तव में सत्य में ही निहित होता है,
हाँ, शांति का ब्रह्म आनंद मन को विवेक ही दे सकता है।

शिक्षक की सेवा

05-09-2020

होते न शिक्षक अगर,
तो शिक्षा का क्या स्वरूप होता।
हम सब भी पढ़ने के इच्छुक,
बिन शिक्षक के हम शिष्यों का भी कहाँ कोई रूप होता।

कहते सुना है लोगों को महफ़िलों में,
कि शिक्षा एक प्रोफ़ेशन है।
पर मैं नहीं सहमत इस बात से,
मुझे लगता है शिक्षा एक सेवा है।
जैसे पुलिस, सेना और डॉक्टर देते अपनी सेवा हैं,
वैसे ही शिक्षक भी तो अपने ज्ञान का देते शिष्यों को सेवा हैं।
उनकी सेवा भी देश की सेवा कहलाती है,
क्योंकि वो अपने ज्ञान से चरित्र निर्माण करते हैं,
फिर यही चरित्र अपने कर्मों से सामर्थ्य अनुसार उनकी शिक्षा को एक नाम
दिलाते चलते हैं।
ये शिक्षक ही हैं जो किसी मोमबत्ती के समान गलते रहते हैं सदियों तक,
और गलकर अपनी क्षमता से जो उजियारा फैलाते हैं,
वो प्रकाश अमूल्य है जिसका कोई जोड़ नहीं।
अगर न होता वो प्रकाश तो हम अँधियारे में ही भटकते फिरते,
खाते चोट गिरते उठते पर सही राह न कभी नजर आता,
और न ही सही लक्ष्य का पता हमें कभी चल पाता।

शिक्षक ही हैं जो समाज बनाए चलते हैं,
आध्यात्मिकता और भौतिकता से मिलकर बने समाज का रूप साथ लिए चलते
हैं।

अगर न होते शिक्षक और न ही उनका दिया ज्ञान,
तो समाज क्या हम इंसान भी कहाँ इंसान होतें।
पशु सा व्यवहार कर सब जीते मरते,
पर शिक्षा है और शिक्षक हैं तो सब जीते हैं मरते हैं,
किंतु जीवन को सार्थकता का एक नाम देकर।

शुभम यादव

मानवता की मौत

05-10-2020

चीखता रहा पुकारता रहा,
दर-दर भटकता मानव।
मैं ख़ाली हूँ, मैं ख़ाली हूँ, मैं ख़ाली हूँ;
मुझे काम चाहिए!
पर जब गुहार लगाई मानवता ने,
मेरी रक्षा करो मैं संकट में हूँ,
तो जाने कहाँ गुम गया मानव,
और दूर हो गया उसका ख़ालीपन।
मानवता का क्या हुआ क्या कहें,
शायद किसी ने हे राम कहते सुना।
मानव जीता रहा सदियों तक,
पर सब जीवों में बदनाम हो गया।
सब जीवों से ऐसा कहते सुना,
मानव ख़ाली रहा कब तक?
जब तक मानवता ने मदद की गुहार नहीं लगायी।
मानव मानव रह जीता रहा,
कब तक?
जब तक मानवता घुटती रही पल-पल,
हे राम कहने तक!

विश्राम की ऊर्जा

13-11-2020

खींचा-खींचा प्रत्यंचा टूट सकता है,
डोर ही तो है एक छोर से एक छोर तक का।
अंगूठे के हठ में नुक़सान का अंदेशा रहता है,
थामे-थामे अंगूठा स्वयं भी और डोर भी खिंचता-खिंचता ढीला हुआ चलता
है।
फिर तीर कितना भी सख़्त और लचीला हो जाए,
हवा अनुकूल बहता चले,
पर तय लक्ष्य तक नहीं पहुँच सकता है।
पुरानी कहावत है रुक जाओ थोड़ा तेज़ चलोगे,
रुक कर अपनी प्रगति में बाधा नहीं,
विकास के अग्रदूत बनोगे।
छोड़ दो उस प्रत्यंचा को भी थोड़ा,
लंबे विश्राम के सुकून के लिए नहीं,
बस तनिक ऊर्जा भरने के उद्देश्य से।
देखोगे तुम भी जब चलोगे फिर निशाना साधने,
कैसे स्फूर्ति से भेदेगा तीर तुम्हारे लक्ष्य को।
सारा श्रेय इसका तुम्हारे सामर्थ्य को नहीं दे सकते,
कुछ क़ाबिल-ए-तारीफ़ कृत तो उस तनिक विश्राम को भी जाता है,
जिसने लक्ष्य भेदने के तुम्हारे इरादे को,
ख़ुद के कार्य से ही आधा पूर्ण कर दिया होता है।

शुभम यादव

सुनना होगा

14-10-2020

कैसे सुनेंगे उस दिन जब सब कहते जायेंगे,

क्या सच्चा क्या झूठा,

सब अपने अंदाज़ में बीते कल के एहसास में,

एक इतिहास बनाते जायेंगे।

जीते जी अपने चरित्र, नाम, रुतबे के सहेज में,

कितना संलग्न रहते हम बस बहस के बल पर,

जान प्राण की बाज़ी लगा सहेजते जीतें अपने जीवन की कमाई।

सोच सब की यही रहती कि सदियों तक अमर रहेंगे,

मेरे और मेरे जीवन के क़िस्से हर ज़बान पर हर युग में सजे रहेंगे।

बनाते चलते अपने इतिहास के पन्ने-पन्ने को हर उम्र मर-मर कर,

पर सोच न जाती वहाँ पर जहाँ ख़त्म हो जाता है ये सहेज का क़िस्सा।

उस दिन जब साँसें टूटेंगी तो कैसे होगी वकालत अपनी,

वो दिन कितना भयानक होगा जब बरसेंगे चारों तरफ़ से बोल के छर्रे गोले,

कितने सच्चे कितने झूठे।

चाह कर भी न उठ सकेंगे,

अपने बहस के दम पर कैसे अपने इतिहास का दम भरेंगे।

जो भी होगा सब उनकी मर्जी से होगा,

जिस दिशा में बोल बढ़ेंगे उस दिशा में सब के इतिहास के पंख उड़ेंगे।

वे कहते जायेंगे हम सुनते जायेंगे,

चाह कर भी अपने दम पर कुछ भी न बदल सकेंगे।

वो सुनने का दौर चलेगा,

ज़माना जब कुछ भी कहेगा,

बस सब सुनते जायेंगे वो कहते जायेंगे।

जो मर कर करना है सुनने का काम,

क्या जीते जी नहीं उसे हम कर पाएंगे।

बस इतना सा ही तो काम है,

वो कहते जायें और हम बिन कहे सब बस सुनते जायें,

जो करना है कल काम उसे आज से ही क्यों न करते जायें।

कहीं देर न हो जाए और जीवन के थमने पर पता चले,

चिंगारी

कि सच क्या था!
जिसे सच मान सहेजते गए,
लड़-झगड़ लोगों से सच के नाम पर झूठा वजूद सहेज सकें।
कहीं ऐसा न हो कि पता चले,
जिस जिस्मो-जान की क़द्र में सब ने ज़िन्दगी गुज़ार दी,
वो जिस्मो-जान कभी था ही नहीं हमारा।
था क्या अपना या है क्या अपना क्या पता?
बस जी लेने का हक़ है अपना।
क्या रहेगा? क्या बचेगा?
कहाँ जाएगा गुरूर अपना?
या सुनते-सुनते उनकी बातों से धुलकर सारा का सारा साफ़ हो जाएगा।
सुनना होगा सुनना होगा,
वो दिन के आने पर बस सुनना होगा।
कितना भयानक विकराल वो दिन होगा,
जब भरी अदालत में दोषी बनकर,
बिन वकील के बिन दलील के सब बस सुनना होगा।
भयानक होगा क्योंकि जो भी होगा सब बस अचानक होगा,
हमारे आदत के ख़िलाफ़ हमारे सामने,
हमारे गुण दोषों का बिन हमारे बयान के सुनवाई होगा।
सोचने की बात है,
अगर हमारी सुनने की आदत हो,
तो वो दिन भी उतना भयानक न होगा,
और होने वाला हर पल भी,
अंजान सा न होकर अपना होगा,
पर उसके लिए सुनना होगा, सुनना होगा, सुनना होगा।
जन्म के दिन से शुरू हो उस दिन के अंत तक!
पर कहाँ आवेग की आग में झुलसते प्राणियों से,
शांत चित्त किसी साधु सा,
अपने जीवन में जीते जी ऐसा आचरण होगा।

ख़ुद की खोज

12-11-2020

मैं कौन हूँ?
ये अक्सर लोग बताया करते हैं।
अपनी-अपनी नज़रों से मुझे तराश कर,
मुझे बनाया करते हैं।
पर मैं वो नहीं,
जो मुझे दुनिया जानती है।
पर ये सब नहीं जानते,
और दुनिया की कही बातों को,
दिल से लगाए चलते हैं।
तभी तो दुखते रहते हैं भीतर ही भीतर,
अपने चित्त को व्याकुल कर।
खोजते फिरते हैं शांति हर ओर,
नहीं जानते ख़ुद को,
कि हैं वो असल में कौन।
अगर पूछें कभी ख़ुद से ही तो,
जवाब मिलेगा उन्हें,
दुनिया से नहीं,
बल्कि अपने भीतर के असीम गहराई से कि वो हैं कौन?
जान गया जो कोई ख़ुद को,
फिर तो शांति ही शांति का सागर है उसके हर ओर।
किधर?
बाहर!
नहीं, नहीं, उसके अंतर्मन में;
क्योंकि ज़रूरत है शांति के सागर को पाने की,
तो ख़ुद के अस्तित्व की कश्ती का एहसास है ज़रूरी,
जीवन की मचलती लहरों पर विचरने के लिए।
बिन इसके बस भटकाव है,
जगह-जगह शांति की तलाश में,
सिमटा झूठा ठहराव है।

सच का तेज

25-01-2021

सच अपना होता है तो कितना अच्छा होता है,

पर सच तो सच होता है,

न अपना न किसी का।

एक साथ गुलाब का फूल भी और काँटा भी,

दोनों संग में कितना जँचते हैं,

गुलशन की शोभा बन बहार फैलाते हैं।

सच जब अपना बन आता है,

तो ज़िन्दगी गुलाब के फूल के ख़ुशबू की सी महक जाती है।

और वहीं सच जब हक़ीक़त बन आता है,

तो काँटों से लहूलुहान हो बद से बदतर हो जाता है।

तभी तो कहा है सब ने सच को ज़रा सँभाल कर रखना,

ये चाहे तो जीवन दे दे,

ये चाहे तो जीना छीन ले।

पर ज़माने को क्या परवाह,

परवाह शब्द तो अपना है ज़माने का।

करते हैं अपने मन का सब,

जीए मरे कोई अपने में रहते मस्त सब।

पर सच कहूँ तो सच सब कुछ शांत कर देता है,

जैसे सच हो गंगा सा,

गंगा की लहरों सा।

डुबकी लगाते ही मुक्त हो गया प्राणी,

धुल गया सारा पाप जन्मों का,

टूट गया चक्र जीवन-मरण के कर्मों का।

व्यर्थ की चिंता

11-01-2021

ये जो दौर चला है चिंता कर चिंतित होने का,
कहाँ खड़े हैं हम?
कहाँ होंगे कल हम?
जहाँ मन में बसा है बस कल,
कल होगा क्या?
कल होंगे क्या हम?

इस कल की चिंता में हम भूल गए,
ये कल है क्या?
है भी कुछ या नहीं!

बस आ गयी चिंता,
पड़ गये कल के फेर में,
जहाँ ध्यान न रहा आज का।

आज ही तो जीवन है,
जो कल सा दिखता है,
वो भी तो आज ही बन आता है।

जिस कल की चिंता की सब ने,
वो तो आज बन निकल गया।
चिंता की धारा में पड़कर,
कल का जीवन नहीं आज का जीवन निकल गया।

कहा है सब ने यही,
चिंता होती चिता समान।
रोज़-रोज़ की छोटी-छोटी चिंता की लड़ियों से,

सजती रहती हैं बड़ी-बड़ी सेज वाली चिता।
राख ही होना है सब को एक दिन जलकर,
पर सही समय पर।
असमय ही चिंता की चिता पर राख होने में किसका भला है,
जो होना है वो तो होगा ही,
पर निश्चित समय पर।

चिंता के फेर में पड़कर,
क्यों इतने अनिश्चित हो हम।
बुरा दौर आएगा या भला,
दोनों से गुज़रना पड़ेगा ही,
यही है जीवन स्वीकारना सब को पड़ेगा ही।

व्यर्थ की कल की चिंता में,
आज का पल व्यर्थ क्यों करना,
आज करते हैं चलो कर्म बड़ा।

कर्म करेंगे अगर बड़ा तो क्यों होगी चिंता,
ख़ुद को जान अगर बढ़ेंगे तो फिर हम क्यों कल से डरेंगे।
आने दो जो आता है सब सह बढ़ेंगे,
पर व्यर्थ के कल की चिंता में आज न मरेंगे।

ये चिंता है क्या कोई धुंध ही तो,
जो हमारे बुद्धि को जकड़े रखता।
जब चिंतित रहते हम जीवन में,
न कोई अच्छा विचार मन में आता,
रहता भी जो पहले से,
खोकर अपनी ऊर्जा व्यर्थ की ऊर्जा बन जाता।

अनुमान लगा ले कोई क्या ज़िन्दगी होगी,
जब ऊर्जा नहीं बसेगा दिल में,
तो ज़िंदा साँसों में कैसे ज़िंदा रहेगी ज़िन्दगी।
कोई तानों की न परवाह करना,
बुरा लगे अगर तो लगते रहते देना,
जब तक की मंज़िल मिल जाए न मुट्ठी में।

ताने रखना ख़ुद को चाहे कितनी भी हवा तेज़ हो,
पतंग बन उड़े हो जो आकाश में,
पेंच लड़ाए बिना न ढीला हो उखड़ निकलना डोर से।

चिंता नहीं कल का,
आज चिंतन करना ज़रूरी है,
बाकि जो मिले वो भाग्य अपना।

कौन रहना है सदियों तक यहाँ,
जितने भी दिन हैं ज़िन्दगी के बस जी के जाना है यहाँ।
कहीं बाद में यह अफ़सोस न हो मरकर,
कि ज़िन्दगी मिली थी इतनी हसीन;
व्यर्थ की चिंता में फँसकर,
तोड़ दिया हमने प्रकृति का हम पर हुआ यक़ीन।

अब से ठानो यही,
चिंता नहीं चिंतन करना है।
विचारों को हक़ीक़त की गगरी में डाल,
रोज उसे हमें कर्म से भरना है।

सोच लेना ये भी किसके लिए चिंता करते हो,
ख़ुद के लिए?
हो क्या तुम?
क्या वजूद है तुम्हारा?

कोई साक्ष्य है?
नहीं न!
सब कुछ बस वक़्त है,
वही हो तुम वही हूँ मैं।
वही ही है सब,
या वो भी नहीं।

फिर बँधी साँसों को चलने दो न बहती हवा सी मंद-मंद,
धक-धक करती धड़कन को,
किसी गीत की सी मस्ती में,
यूँ ही धक-धक झूमने दो।
आज के एक-एक पल को,
बस आज के पल हो तुम ख़ुद को जी लेने दो,
क़तरा-क़तरा जीवन का अपने जिस्म रूह को पी लेने दो।

यही जीवन है यही जीवन का औचित्य है,
यही चित तो यही पट है।
तो अवसर है आज जान कर इतना सब कुछ,
फिर वही चिंता न करना,
कल के डर में सब अपने जीवन का आज न खोना।

ज़िन्दगी नदी बन जीने को कहती है

ज़िन्दगी नदी बन बहने को कहती है,

जो कितने ही खेतों, पहाड़ों और नगरों से गुज़रती है।

पर सब से कुछ-कुछ लेते हुए,

और अपना कुछ-कुछ देते हुए,

सदा निरंतर बहने को कहती है।

कितनों से टकराती है,

मेलजोल बढ़ाती है,

पर बिन जुड़े बिन टूटे,

लहरों के धुन पर बहाव का आनंद लेती,

नदी ठहराव को ठुकरा,

अपने गंतव्य पर बढ़ती जाती है।

नदी के जीवन यात्रा में,

कितने पीछे छूट हो जाते हैं पुराने।

पर नदी आगे बढ़ती ही जाती है,

नये पड़ावों को अपना बनाने।

नदी सबकी होकर सब कुछ देकर,

किसी से न बंधने की सीख देती है,

तभी तो ज़िन्दगी हमें नदी बन जीने को कहती है।

जो जीवन भर निरंतर बहकर,

अंत समय में अपने गंतव्य पर पहुँचकर,

अनंत सागर में समा अनंत हो उठती है।

मैं कौन हूँ?

04-02-2021

हूँ वही

जाना है ख़ुद को जो

किया क्या है अब तक

हूँ वही

माना है ख़ुद को जो

करना क्या है आगे

अपने कर्मों के जोड़ का फल ही तो हूँ

मैं और क्या हूँ

मैं जोश हूँ मैं होश हूँ

मैं उमंग हूँ ज़िन्दगी का रंग हूँ

मैं संकल्प हूँ मैं विकल्प हूँ

ज़िन्दगी मौत के बीच बहता मैं वक़्त हूँ

मैं साँस हूँ मैं धड़क हूँ

मैं नसों में बहता रक्त हूँ

मैं चाल हूँ भूचाल हूँ

मैं पल-पल का काल हूँ मैं आदि महाकाल हूँ

मैं प्यार हूँ दिल का त्यौहार हूँ

मैं विनोद हूँ मैं अवसाद हूँ

मैं क्रोध हूँ अवरोध हूँ

मैं ढाल हूँ मैं तलवार हूँ

मैं जीवन जीता ख़ुद का ही नहीं सब का संसार हूँ

जो-जो भी ख़याल छूता मुझको

वो सोच हूँ मैं विचार हूँ

बन कर ज़िन्दगी का उसूल मैं

हर पल हर वो सोच हर वो विचार बनने को मैं तैयार हूँ

मैं इंसान अपने कर्मों का

और कुछ नहीं

अपने अतीत, वर्तमान और भविष्य के कर्मों के जोड़ का

जीवन मौत के बीच जीता-जागता चलता-फिरता परिणाम हूँ।

शब्दों की चुभन

तलवार कहाँ ज़ख़्म देंगे,
हथियार क्या ख़त्म करेंगे,
तीरों में इतनी ताक़त कहाँ कि भेद किसी का दिल शब्दों से बग़ावत करेंगे।

शब्द हैं अकेले काफ़ी,
चाहे तो भेद दिल को टूटा दिल बना दे।
या बह कर ठण्डी हवा सी,
दिल की माटी में नमी बना दें।

ज़िन्दा कर दे ये किसी को मार दें ये किसी को,
सत्ता है इनके हाथों में,
ज़रा सी शान की गुस्ताख़ी में,
अपने गुरूर के आग से जला किसी को दिल-जले बना दें।

कई दिल को ये शब्द एक वार भर काफ़ी समझ,
बस तोड़ छोड़ देते हैं।
तो कुछ के दिल को ये शब्द,
हर बार तोड़ भी नहीं छोड़ते हैं।

ज़ख़्म कितना भी गहरा हो भर ही जाता है,
पर हर बार कुरेदा हुआ ज़ख़्म ताज़ा हो गहरा होता जाता है।

शब्द चुभते हैं तो दर्द होता है,
हर उम्र चुभे जब तो हर अनुभवी शख़्स यही कहता है,
हर चुभता शब्द हर वक़्त अपना हमदर्द होता है।

लगता है सजा उनको किसी दर्द का सहना,
आदत है हमारी पूछो हमसे,
कैसे मज़े से किसी दर्द संग होता है रहना।
दर्द सजा नहीं मजा है,
ज़रा लेकर तो देखो कभी शब्दों को दिल पर,
दिल में शब्द ही शब्द भर जायेंगे।
दर्द के आग़ोश में खोकर,
दिल से निकले शब्द हर दिल को छू-छू जायेंगे,
दर्द के बदले इस दिल को सब के दिल से जोड़ जायेंगे।

लगते हैं दिल को शब्द अगर तो लगने दो,
एक बार में न चुभे अगर तो बार-बार चुभने दो।

एक बार चुभे नहीं हर बार चुभने वाले,
बनते हैं दिल ऐसे सब का दिल बनाने वाले।
बुरा नहीं अच्छा है भाग्य उनका जो चुभते हैं शब्द उन्हें,
एक बार या बार-बार या हर बार,
भेद उनके दिल को ले जाकर गहराई में,
ये शब्द ही उन्हें जीवन के मोती से मिलाने वाले।

कितना किया है? कितना करना है बाक़ी?

09-02-2021

साल दर साल दिन बीत रहा,
हर साल उम्र अतीत बन रहा।
कितना किया है सब जानते हैं,
कितना करना है बस हम जानते हैं।

जो भी किया है बहुत थोड़ा किया है,
अभी बहुत कुछ करना पड़ा है।
एक चौथाई, आधा या क़रीब पूरा जी चुका ज़िन्दगी,
किसे पता शेष कितना बचा है ज़िन्दगी।

दिल कहता है बहुत कर लिया तू,
अब रहने भी दे।
पर दिमाग़ कहता है,
अभी कहाँ अभी तो बस शुरू किया है।

जो कुछ भी पाया है,
दिल से पाया है दिल का पाया है।
दिमाग़ में पनपे उन सपनों का क्या,
जिसे नींद में नहीं,
खुली आँखों से दिन, दोपहर, शाम तू देखते आया है।

क्या नहीं पाना तुझे वो सब कुछ?
क्या नहीं करना तुझे वो सब?
जो हमेशा से तू सोचता आया है।
ख़ुद के लिए नहीं औरों के लिए,

जिसे सोच-सोचकर तूने ख़ुद को बना ख़ुद को पाया है।
क्या जितना किया है,
उतने से ही उम्र काट निकल चलेगा?
या कुछ और कर औरों की रुकी ज़िन्दगी बदल सकेगा।

बहुत किया है जानता हूँ,
पर उतना नहीं जितना तुझे अभी करना है।
इसलिए मत बाँध तू ख़ुद को बस जान यही,
जो भी किया है अभी बहुत थोड़ा किया है।

करना है बहुत कुछ बाक़ी,
बहुत, बहुत, बहुत;
पर उम्र नहीं उतना बाक़ी!

हर दिन का ख़याल कर लिया तो साल का ख़याल कर लिया,
सालों में बँधे हर उम्र का ख़याल कर लिया।

हर दिन के संग हर उम्र के संग तू सोच,
हर रोज़ हर पल तू कितना कमाल कर देगा,
जो दिन का साथ दिया तू,
तो हर उम्र तेरा साथ देगा।
जब उम्र साथ देगा तो तू अपने कर्मों से,
जो थोड़ा हुआ था अब तक, बाक़ी था बहुत आगे,
उसे क्यों नहीं पूरा कर देगा।

प्रेम क्या है?

15-02-2021

प्रेम सिर्फ़ लड़का-लड़की के बीच,

चलने वाला कोई खेल-संबन्ध नहीं,

जो चंद शब्दों में बयाँ होकर प्रेम-बंधन में बंध जाए।

प्रेम तो उस एहसास का नाम है,

जो दिलों को जोड़ता चलता है।

बेहतर और बेहतरी के लिए,

सिर्फ़ ख़ुद संग नहीं,

औरों के लिए भी कुछ करने को कहता है।

ये तो वो बंधन है जो किसी को किसी से जोड़,

चेहरे पर मुस्कान,

दिल में तरंग,

और होंठों पर संगीत बिखेरा चलता है।

जहाँ स्पर्श का नहीं, चुंबन का नहीं, आलिंगन का नहीं माँग कोई,

बस दिल में रख आँखों में देख,

मन में सोच उसके लिए जीने को कहता है।

उसकी ख़ुशी में अपनी ख़ुशी,

उसके जीत में अपना जीत,

जगज़ाहिर करने को प्रेरित करता रहता है।

ये तो वो एहसास है जो किसी में भी पनप,

किसी से भी जुड़ने के मार्ग पर तत्पर रहता है।

बस इस ग़लतफ़हमी में न जीना कोई,

कि प्यार लड़का-लड़की के बीच ही पनपता कोई खेल-संबन्ध है।

ये तो जीवन का चरम एहसास है,

जो किसी भी जीवित प्राणी को,

किसी भी जीवित प्राणी से जोड़ने का ताक़त रखता है,

76चिंगारी

और जोड़ उसे सब को सब से जोड़ने का ताक़त देता है।

प्रेम सेवा का भी एक नाम है,

जो आकर्षण से नहीं प्रेरणा से भर कर प्रेमी बना,

किसी को भी किसी का मददगार बनाता है।

या सब को सब का प्रेमी बना,

सीमाओं को तोड़ एक प्रेममय संसार बनाता है।

प्रेम जोड़ दिलों को सब को सब के लायक़ बनाता है,

सब का नहीं अगर तो किसी के लायक़ तो ज़रूर बनाता है।

ये सोच पर निर्भर करता है,

कि करता है कोई प्रेम किसी से या सब से,

है कोई प्रेमी किसी का या सब का।

तरक़्क़ी की सीढ़ी

कुछ होते हैं,
जो ख़्वाब देखते हैं बड़े-बड़े।
दिन भर देखते हैं खुली आँखों से,
पर सिर्फ़ ख़्वाब ही देखते हैं।

वक़्त मुट्ठी भर रेत जैसी होती है,
कब फिसल जाती है पता नहीं चलता।
वक़्त रहते कर्म कर जो ख़्वाबों के पीछे दौड़ लगाते हैं,
वो आज नहीं तो कल,
मुक़द्दर का सिकंदर बन ज़माने में नाम बनाते हैं।

उन ख़्वाबों को जो कभी मन की आँखों से देखा करते थे,
अपने पवित्र दिल में महसूस किया करते थे,
उसे आज अपनी नंगी आँखों से प्रत्यक्ष देखा करते हैं,
होंठों पर फैले मुस्कान से अपने जीत का अभिनंदन करते रहते हैं।

ये सब होता मुमकिन कैसे,
बस ख़्वाब देखने से?
नहीं, नहीं, नहीं!
ख़्वाब देख कर दिल में जुनून भर,
कर्म के क़दमों से दौड़ लगा,
निरंतरता का हाथ थाम,
पार कर के एक-एक मंज़िल,
जोश बढ़ा ख़ुद में हर जीत पर,
जो मुसाफ़िर बढ़ता जाता जीत उसी के हाथ आता।

ख़्वाब तो नक़्शा है,
वक़्त एक कोरा पन्ना,
हार सीख है,
तो दर्द प्रेरणा,
और कर्म बहती स्याही।

जो दृढ़ हो क़ाबिलीयत का क़लम चलाता है,
तो कर्म भी मुसाफ़िर के हाथों में जीत का चाबी बन,
उसे मंज़िल की तिजोरी तक पहुँचा तरक़्क़ी का ताज पहनाता है।
और उसके ज़रिये महफ़िलों में ज़माने को,
तरक़्क़ी की सीढ़ी का राज़ बताता है।

सीखने की चाह

05-09-2021

चाह हो तो पतझड़ भी सिखाता है,
जो गिराकर पुराने पत्ते,
हमें पुराने विचारों को त्याग,
नये विचारों के पत्तों से नया जीवन पाने को बताता है।

चाह हो तो शिशु भी सिखाता है,
जो अपने सरल व्यवहार को दर्शा,
सब को दिखावट छोड़,
दंभ का नाश कर,
सच्चाई को थाम जीवंत हो उठने,
और वास्तविकता को स्वीकार कर,
जीवन जीने की कला सिखाता है।

चाह हो तो हरित उद्यान भी सिखाता है,
जो अपनी हरियाली को थाम,
फूल खिला हर ओर ख़ुशबू बिखेर,
वातावरण को स्वच्छ बना,
सब की सेवा और परोपकार का पाठ पढ़ाता है।

चाह हो तो यौवन भी सिखाता है,
जो जोश, ताक़त और इच्छा शक्ति का सही इस्तेमाल कर,
ख़ुद का ही नहीं सब का कल्याण करने का मार्ग दिखाता है।
संयम और संतुलन का परिचय दे,
जीवन को आनंदपूर्ण बनाने का मार्ग दिखाता है।
संचय कर यौवन धन ऊर्जा से पूर्ण हो,
निस्तेज होते समाज को,
जुनून की आग से ये यौवन ही तो ऊर्जावान बनाता है।

 चिंगारी

चाह हो तो वृद्ध भी सिखाता है,
जो जीवन के सारे सुख और आनंद का पान कर,
अपने नाश को स्वीकारने का पाठ सिखाता है।
अपने जीवन दर्शन को साझा कर जीवन का राज़ बताता है,
यहाँ वक़्त सब से बड़ा खिलाड़ी,
बाक़ी सब उसके आगे नश्वर।
मोह में बसा नाश है,
यहाँ त्याग सब से बड़ा धर्म,
और मौन ही सब का कर्म है।
किसी ख़ास वस्तु में नहीं,
यहाँ कण-कण में बसा ईश्वर है।
साँसो से बड़ा कोई सुख नहीं,
शांति में ही बसा आनंद है,
यहाँ शुरूआत है तो अंत भी,
जीवन-मरण का सिलसिला अनंत भी।

सीखने की चाह हो अगर,
तो छोटा से छोटा तिनका और बड़ा से बड़ा पहाड़,
सब का जीवन सब को कुछ न कुछ सिखाता है।
सीखने सिखाने का क्रम है ये,
जो सदियों से चलता आया,
सदियों तक चलने वाला है।
बस देखना है यही,
कौन कितना सीखकर कौन कितना सिखाकर सब को,
इस दुनिया से जाने वाला है।

जीवन संघर्ष

14-03-2021

निश्चित है मन में,
जाना है उस पार।
फिर कैसा बंधन बाँध रखे है,
मन को चलने से।

लहरें हैं ऊँची गहरा जल,
उछलता-मचलता,
डरा देता है पाँव को।
सहम कर दिल फुदकने लगता,
कि जीना है उसे अभी और पल।

ये जीने की लालसा है,
या मोह में लिपटा कायरता का सूचक,
जो क्षणभंगुर सुख को सब कुछ मान बैठा है।
लानत है ऐसे जीवन पर,
जो अपने नियति से बेख़बर,
गर्त के पाताल में समाने को,
तप छोड़ ताप रूप में बैठा है।
जहाँ खड़ा है वहीं से दूर-दूर तक बस देखता,
अपने पाँव की माटी को ही वर्तमान मान बैठा है।

ऐसे सुख का क्या प्रयोजन,
जो अपनी ख़ुदी राख कर दे।
मोह में लिपट घण्टों में बढ़ते जीवन को,
व दिल में पनपे आग को,

ग़लत जुनून की हवा दे,
सारे अवसर को तिलांजली दे,
ख़ुद ही सब ख़ाक कर दे।

नियति का लिखा है,
सागर की लहरों पर चलना है तुझे।
पर तू है कि डर के या मोह के भँवर में फँस,
वहीं तट पर गड़ा जा रहा है।

झकझोर दे आज ख़ुद को,
तेरी मंज़िल लहरों के पार है।
इस पार नहीं ये मोह है बस,
छुड़ा ख़ुद को माया से बढ़ चल।

जो छुड़ा ख़ुद को मोह से,
बस ताकते न रह जाना।
आगे के दृश्य को भयानक नहीं रोमांचक समझ,
बस बढ़-बढ़ जाना।

एक नौका ही काफ़ी है,
तेरे दिल के आग के आगे।
लहरों का क्या ठिकाना,
तेरे आँधी से जुनून के आगे।

बस जान तू एक बात समुंदर की,
लहरों पर ही लिखी तेरी नियति है।
रोज लड़ उन लहरों से,

करना तुझे ख़ुद संग सब की प्रगति है।
जब ठान ले तू मन में,
तब बिन विलम्ब के अपने नौका संग बढ़ जाना।
डराएगा सागर का शोर,
पर तू मचलते लहरों पर,
अपने जुनून से जंग लड़ बढ़ जाना।

बस जल को भयातुर स्थिरता से देखते रहने से,
प्रचण्ड विकराल चुनौतियों का सागर पार न होगा।
उन आती-जाती बड़ी-बड़ी लहरों पर,
सवार हो तू नाविक अगर,
साहस से कोशिश किया तो,
सागर क्या भवसागर भी पार होगा।

सब से बड़ी और सुकून की बात ये,
तेरा इस दुनिया में आना,
और तुझ पर किया ऐतबार ईश्वर का बेकार न होगा।
बस ऐतबार कर ख़ुद पर,
जुनून की आँधी से बढ़ना तुझे,
तेरे दृढ़ क़दमों संग हर बार होगा।
लड़ता अकड़ता शोर मचाता,
तेरे हौसले से हारा चुनौतियों का सागर तभी तो पार होगा।

ख़ुशी की क़ीमत

31-08-2021

एक परिवार था हँसता खेलता,
जो रहता था शहर के किसी कोने में।
कम था पैसा ख़ुश थे सब,
पर कहता ज़माना था उन्हें ग़रीब।

एक रात गुज़रा अमीर उधर से,
सब था उसके पास बस ख़ुशियाँ नहीं,
पर कहता ज़माना था उसे अमीर।

देख उनकी हालत तरस आ गयी,
रख चौखट पर दौलत गुम गया वो अँधेरे में।
सूरज की रोशनी में दौलत पर लालच आ गयी,
दबा कर रुपये सीने में परिवार चल दिया डेरे में।

वो परिवार फिर न हँसा कभी,
और न ही ख़ुश दिखा,
पर ज़माना उन्हें अमीर कहने लगा।
वो अमीर लुटाकर अपनी दौलत,
ज़माने की नज़र में ग़रीब बन गया,
पर अब वो हँसने और ख़ुश रहने लगा।

शुभम यादव

आपकी क़लम से...

टिप्पणी: _______________________________